This Book Belongs To

Name

_____

Address

_____

_____

Phone

_____

Year:	Bill Payment Tracker				Month:		
PAID	*Bill*	**DUE DATE**	**AMT DUE**	**AMT PAID**	**UNPAID BALANCE**	**NOTES**
☐			$	$	$	
☐			$	$	$	
☐			$	$	$	
☐			$	$	$	
☐			$	$	$	
☐			$	$	$	
☐			$	$	$	
☐			$	$	$	
☐			$	$	$	
☐			$	$	$	
☐			$	$	$	
☐			$	$	$	
☐			$	$	$	
☐			$	$	$	
☐			$	$	$	
☐			$	$	$	
☐			$	$	$	
☐			$	$	$	
☐			$	$	$	
☐			$	$	$	
☐			$	$	$	
☐			$	$	$	
☐			$	$	$	
☐			$	$	$	
☐			$	$	$	
☐			$	$	$	
☐			$	$	$	
TOTAL			$	$	$	

Bill Payment Tracker

PAID	Bill	DUE DATE	AMT DUE	AMT PAID	UNPAID BALANCE	NOTES
☐			$	$	$	
☐			$	$	$	
☐			$	$	$	
☐			$	$	$	
☐			$	$	$	
☐			$	$	$	
☐			$	$	$	
☐			$	$	$	
☐			$	$	$	
☐			$	$	$	
☐			$	$	$	
☐			$	$	$	
☐			$	$	$	
☐			$	$	$	
☐			$	$	$	
☐			$	$	$	
☐			$	$	$	
☐			$	$	$	
☐			$	$	$	
☐			$	$	$	
☐			$	$	$	
☐			$	$	$	
☐			$	$	$	
☐			$	$	$	
☐			$	$	$	
☐			$	$	$	
	TOTAL		$	$	$	

Bill Payment Tracker

Year: | | Month:

PAID	Bill	DUE DATE	AMT DUE	AMT PAID	UNPAID BALANCE	NOTES
☐			$	$	$	
☐			$	$	$	
☐			$	$	$	
☐			$	$	$	
☐			$	$	$	
☐			$	$	$	
☐			$	$	$	
☐			$	$	$	
☐			$	$	$	
☐			$	$	$	
☐			$	$	$	
☐			$	$	$	
☐			$	$	$	
☐			$	$	$	
☐			$	$	$	
☐			$	$	$	
☐			$	$	$	
☐			$	$	$	
☐			$	$	$	
☐			$	$	$	
☐			$	$	$	
☐			$	$	$	
☐			$	$	$	
☐			$	$	$	
☐			$	$	$	
☐			$	$	$	
☐			$	$	$	
	TOTAL		$	$	$	

Year:	Bill Payment Tracker					Month:
PAID	*Bill*	**DUE DATE**	**AMT DUE**	**AMT PAID**	**UNPAID BALANCE**	**NOTES**
☐			$	$	$	
☐			$	$	$	
☐			$	$	$	
☐			$	$	$	
☐			$	$	$	
☐			$	$	$	
☐			$	$	$	
☐			$	$	$	
☐			$	$	$	
☐			$	$	$	
☐			$	$	$	
☐			$	$	$	
☐			$	$	$	
☐			$	$	$	
☐			$	$	$	
☐			$	$	$	
☐			$	$	$	
☐			$	$	$	
☐			$	$	$	
☐			$	$	$	
☐			$	$	$	
☐			$	$	$	
☐			$	$	$	
☐			$	$	$	
☐			$	$	$	
☐			$	$	$	
TOTAL			$	$	$	

Year:	Bill Payment Tracker					Month:
PAID	*Bill*	DUE DATE	AMT DUE	AMT PAID	UNPAID BALANCE	NOTES
☐			$	$	$	
☐			$	$	$	
☐			$	$	$	
☐			$	$	$	
☐			$	$	$	
☐			$	$	$	
☐			$	$	$	
☐			$	$	$	
☐			$	$	$	
☐			$	$	$	
☐			$	$	$	
☐			$	$	$	
☐			$	$	$	
☐			$	$	$	
☐			$	$	$	
☐			$	$	$	
☐			$	$	$	
☐			$	$	$	
☐			$	$	$	
☐			$	$	$	
☐			$	$	$	
☐			$	$	$	
☐			$	$	$	
☐			$	$	$	
☐			$	$	$	
☐			$	$	$	
☐			$	$	$	
	TOTAL		$	$	$	

Bill Payment Tracker

PAID	Bill	DUE DATE	AMT DUE	AMT PAID	UNPAID BALANCE	NOTES
☐			$	$	$	
☐			$	$	$	
☐			$	$	$	
☐			$	$	$	
☐			$	$	$	
☐			$	$	$	
☐			$	$	$	
☐			$	$	$	
☐			$	$	$	
☐			$	$	$	
☐			$	$	$	
☐			$	$	$	
☐			$	$	$	
☐			$	$	$	
☐			$	$	$	
☐			$	$	$	
☐			$	$	$	
☐			$	$	$	
☐			$	$	$	
☐			$	$	$	
☐			$	$	$	
☐			$	$	$	
☐			$	$	$	
☐			$	$	$	
☐			$	$	$	
☐			$	$	$	
☐			$	$	$	
☐			$	$	$	
TOTAL			$	$	$	

_____

_____

_____

_____

Bill Payment Tracker

Year:

Month:

PAID	Bill	DUE DATE	AMT DUE	AMT PAID	UNPAID BALANCE	NOTES
☐			$	$	$	
☐			$	$	$	
☐			$	$	$	
☐			$	$	$	
☐			$	$	$	
☐			$	$	$	
☐			$	$	$	
☐			$	$	$	
☐			$	$	$	
☐			$	$	$	
☐			$	$	$	
☐			$	$	$	
☐			$	$	$	
☐			$	$	$	
☐			$	$	$	
☐			$	$	$	
☐			$	$	$	
☐			$	$	$	
☐			$	$	$	
☐			$	$	$	
☐			$	$	$	
☐			$	$	$	
☐			$	$	$	
☐			$	$	$	
☐			$	$	$	
☐			$	$	$	
☐			$	$	$	
TOTAL			$	$	$	

Year:		Bill Payment Tracker				Month:	

PAID	Bill	DUE DATE	AMT DUE	AMT PAID	UNPAID BALANCE	NOTES
☐			$	$	$	
☐			$	$	$	
☐			$	$	$	
☐			$	$	$	
☐			$	$	$	
☐			$	$	$	
☐			$	$	$	
☐			$	$	$	
☐			$	$	$	
☐			$	$	$	
☐			$	$	$	
☐			$	$	$	
☐			$	$	$	
☐			$	$	$	
☐			$	$	$	
☐			$	$	$	
☐			$	$	$	
☐			$	$	$	
☐			$	$	$	
☐			$	$	$	
☐			$	$	$	
☐			$	$	$	
☐			$	$	$	
☐			$	$	$	
☐			$	$	$	
☐			$	$	$	
☐			$	$	$	
☐			$	$	$	
TOTAL			$	$	$	

Year:		**Bill Payment Tracker**			Month:	

PAID	*Bill*	DUE DATE	AMT DUE	AMT PAID	UNPAID BALANCE	NOTES
☐			$	$	$	
☐			$	$	$	
☐			$	$	$	
☐			$	$	$	
☐			$	$	$	
☐			$	$	$	
☐			$	$	$	
☐			$	$	$	
☐			$	$	$	
☐			$	$	$	
☐			$	$	$	
☐			$	$	$	
☐			$	$	$	
☐			$	$	$	
☐			$	$	$	
☐			$	$	$	
☐			$	$	$	
☐			$	$	$	
☐			$	$	$	
☐			$	$	$	
☐			$	$	$	
☐			$	$	$	
☐			$	$	$	
☐			$	$	$	
☐			$	$	$	
☐			$	$	$	
☐			$	$	$	
☐			$	$	$	
TOTAL			$	$	$	

Year:	Bill Payment Tracker				Month:	

PAID	Bill	DUE DATE	AMT DUE	AMT PAID	UNPAID BALANCE	NOTES
☐			$	$	$	
☐			$	$	$	
☐			$	$	$	
☐			$	$	$	
☐			$	$	$	
☐			$	$	$	
☐			$	$	$	
☐			$	$	$	
☐			$	$	$	
☐			$	$	$	
☐			$	$	$	
☐			$	$	$	
☐			$	$	$	
☐			$	$	$	
☐			$	$	$	
☐			$	$	$	
☐			$	$	$	
☐			$	$	$	
☐			$	$	$	
☐			$	$	$	
☐			$	$	$	
☐			$	$	$	
☐			$	$	$	
☐			$	$	$	
☐			$	$	$	
☐			$	$	$	
☐			$	$	$	
☐			$	$	$	
☐			$	$	$	
	TOTAL		$	$	$	

Bill Payment Tracker

Year:		Month:

PAID	Bill	DUE DATE	AMT DUE	AMT PAID	UNPAID BALANCE	NOTES
☐			$	$	$	
☐			$	$	$	
☐			$	$	$	
☐			$	$	$	
☐			$	$	$	
☐			$	$	$	
☐			$	$	$	
☐			$	$	$	
☐			$	$	$	
☐			$	$	$	
☐			$	$	$	
☐			$	$	$	
☐			$	$	$	
☐			$	$	$	
☐			$	$	$	
☐			$	$	$	
☐			$	$	$	
☐			$	$	$	
☐			$	$	$	
☐			$	$	$	
☐			$	$	$	
☐			$	$	$	
☐			$	$	$	
☐			$	$	$	
☐			$	$	$	
☐			$	$	$	
☐			$	$	$	
TOTAL			$	$	$	

Bill Payment Tracker

Year: _____   Month: _____

PAID	Bill	DUE DATE	AMT DUE	AMT PAID	UNPAID BALANCE	NOTES
☐			$	$	$	
☐			$	$	$	
☐			$	$	$	
☐			$	$	$	
☐			$	$	$	
☐			$	$	$	
☐			$	$	$	
☐			$	$	$	
☐			$	$	$	
☐			$	$	$	
☐			$	$	$	
☐			$	$	$	
☐			$	$	$	
☐			$	$	$	
☐			$	$	$	
☐			$	$	$	
☐			$	$	$	
☐			$	$	$	
☐			$	$	$	
☐			$	$	$	
☐			$	$	$	
☐			$	$	$	
☐			$	$	$	
☐			$	$	$	
☐			$	$	$	
☐			$	$	$	
TOTAL			$	$	$	

Year:						

Bill Payment Tracker

Month:

PAID	Bill	DUE DATE	AMT DUE	AMT PAID	UNPAID BALANCE	NOTES
☐			$	$	$	
☐			$	$	$	
☐			$	$	$	
☐			$	$	$	
☐			$	$	$	
☐			$	$	$	
☐			$	$	$	
☐			$	$	$	
☐			$	$	$	
☐			$	$	$	
☐			$	$	$	
☐			$	$	$	
☐			$	$	$	
☐			$	$	$	
☐			$	$	$	
☐			$	$	$	
☐			$	$	$	
☐			$	$	$	
☐			$	$	$	
☐			$	$	$	
☐			$	$	$	
☐			$	$	$	
☐			$	$	$	
☐			$	$	$	
☐			$	$	$	
☐			$	$	$	
TOTAL			$	$	$	

Year:						

Bill Payment Tracker

Month:

PAID	Bill	DUE DATE	AMT DUE	AMT PAID	UNPAID BALANCE	NOTES
☐			$	$	$	
☐			$	$	$	
☐			$	$	$	
☐			$	$	$	
☐			$	$	$	
☐			$	$	$	
☐			$	$	$	
☐			$	$	$	
☐			$	$	$	
☐			$	$	$	
☐			$	$	$	
☐			$	$	$	
☐			$	$	$	
☐			$	$	$	
☐			$	$	$	
☐			$	$	$	
☐			$	$	$	
☐			$	$	$	
☐			$	$	$	
☐			$	$	$	
☐			$	$	$	
☐			$	$	$	
☐			$	$	$	
☐			$	$	$	
☐			$	$	$	
☐			$	$	$	
☐			$	$	$	
	TOTAL		$	$	$	

Year:		Bill Payment Tracker				Month:

PAID	Bill	DUE DATE	AMT DUE	AMT PAID	UNPAID BALANCE	NOTES
☐			$	$	$	
☐			$	$	$	
☐			$	$	$	
☐			$	$	$	
☐			$	$	$	
☐			$	$	$	
☐			$	$	$	
☐			$	$	$	
☐			$	$	$	
☐			$	$	$	
☐			$	$	$	
☐			$	$	$	
☐			$	$	$	
☐	'		$	$	$	
☐			$	$	$	
☐			$	$	$	
☐			$	$	$	
☐			$	$	$	
☐			$	$	$	
☐			$	$	$	
☐			$	$	$	
☐			$	$	$	
☐			$	$	$	
☐			$	$	$	
☐			$	$	$	
☐			$	$	$	
☐			$	$	$	
	TOTAL		$	$	$	

Bill Payment Tracker

PAID	Bill	DUE DATE	AMT DUE	AMT PAID	UNPAID BALANCE	NOTES
☐			$	$	$	
☐			$	$	$	
☐			$	$	$	
☐			$	$	$	
☐			$	$	$	
☐			$	$	$	
☐			$	$	$	
☐			$	$	$	
☐			$	$	$	
☐			$	$	$	
☐			$	$	$	
☐			$	$	$	
☐			$	$	$	
☐			$	$	$	
☐			$	$	$	
☐			$	$	$	
☐			$	$	$	
☐			$	$	$	
☐			$	$	$	
☐			$	$	$	
☐			$	$	$	
☐			$	$	$	
☐			$	$	$	
☐			$	$	$	
☐			$	$	$	
☐			$	$	$	
☐			$	$	$	
☐			$	$	$	
	TOTAL		$	$	$	

Year:						

Bill Payment Tracker

Month:

PAID	Bill	DUE DATE	AMT DUE	AMT PAID	UNPAID BALANCE	NOTES
☐			$	$	$	
☐			$	$	$	
☐			$	$	$	
☐			$	$	$	
☐			$	$	$	
☐			$	$	$	
☐			$	$	$	
☐			$	$	$	
☐			$	$	$	
☐			$	$	$	
☐			$	$	$	
☐			$	$	$	
☐			$	$	$	
☐			$	$	$	
☐			$	$	$	
☐			$	$	$	
☐			$	$	$	
☐			$	$	$	
☐			$	$	$	
☐			$	$	$	
☐			$	$	$	
☐			$	$	$	
☐			$	$	$	
☐			$	$	$	
☐			$	$	$	
☐			$	$	$	
☐			$	$	$	
TOTAL			$	$	$	

| Year: | | | Month: |

Bill Payment Tracker

PAID	Bill	DUE DATE	AMT DUE	AMT PAID	UNPAID BALANCE	NOTES
☐			$	$	$	
☐			$	$	$	
☐			$	$	$	
☐			$	$	$	
☐			$	$	$	
☐			$	$	$	
☐			$	$	$	
☐			$	$	$	
☐			$	$	$	
☐			$	$	$	
☐			$	$	$	
☐			$	$	$	
☐			$	$	$	
☐			$	$	$	
☐			$	$	$	
☐			$	$	$	
☐			$	$	$	
☐			$	$	$	
☐			$	$	$	
☐			$	$	$	
☐			$	$	$	
☐			$	$	$	
☐			$	$	$	
☐			$	$	$	
☐			$	$	$	
☐			$	$	$	
☐			$	$	$	
☐			$	$	$	
TOTAL			$	$	$	

Bill Payment Tracker

Year: _____   Month: _____

PAID	Bill	DUE DATE	AMT DUE	AMT PAID	UNPAID BALANCE	NOTES
☐			$	$	$	
☐			$	$	$	
☐			$	$	$	
☐			$	$	$	
☐			$	$	$	
☐			$	$	$	
☐			$	$	$	
☐			$	$	$	
☐			$	$	$	
☐			$	$	$	
☐			$	$	$	
☐			$	$	$	
☐			$	$	$	
☐			$	$	$	
☐			$	$	$	
☐			$	$	$	
☐			$	$	$	
☐			$	$	$	
☐			$	$	$	
☐			$	$	$	
☐			$	$	$	
☐			$	$	$	
☐			$	$	$	
☐			$	$	$	
☐			$	$	$	
☐			$	$	$	
☐			$	$	$	
TOTAL			$	$	$	

Bill Payment Tracker

Year: [ ]　　Month: [ ]

PAID	Bill	DUE DATE	AMT DUE	AMT PAID	UNPAID BALANCE	NOTES
☐			$	$	$	
☐			$	$	$	
☐			$	$	$	
☐			$	$	$	
☐			$	$	$	
☐			$	$	$	
☐			$	$	$	
☐			$	$	$	
☐			$	$	$	
☐			$	$	$	
☐			$	$	$	
☐			$	$	$	
☐			$	$	$	
☐			$	$	$	
☐			$	$	$	
☐			$	$	$	
☐			$	$	$	
☐			$	$	$	
☐			$	$	$	
☐			$	$	$	
☐			$	$	$	
☐			$	$	$	
☐			$	$	$	
☐			$	$	$	
☐			$	$	$	
☐			$	$	$	
TOTAL			$	$	$	

Bill Payment Tracker

Year: | Month:

PAID	Bill	DUE DATE	AMT DUE	AMT PAID	UNPAID BALANCE	NOTES
☐			$	$	$	
☐			$	$	$	
☐			$	$	$	
☐			$	$	$	
☐			$	$	$	
☐			$	$	$	
☐			$	$	$	
☐			$	$	$	
☐			$	$	$	
☐			$	$	$	
☐			$	$	$	
☐			$	$	$	
☐			$	$	$	
☐			$	$	$	
☐			$	$	$	
☐			$	$	$	
☐			$	$	$	
☐			$	$	$	
☐			$	$	$	
☐			$	$	$	
☐			$	$	$	
☐			$	$	$	
☐			$	$	$	
☐			$	$	$	
☐			$	$	$	
☐			$	$	$	
☐			$	$	$	
TOTAL			$	$	$	

Year:	**Bill Payment Tracker**					Month:

PAID	*Bill*	DUE DATE	AMT DUE	AMT PAID	UNPAID BALANCE	NOTES
☐			$	$	$	
☐			$	$	$	
☐			$	$	$	
☐			$	$	$	
☐			$	$	$	
☐			$	$	$	
☐			$	$	$	
☐			$	$	$	
☐			$	$	$	
☐			$	$	$	
☐			$	$	$	
☐			$	$	$	
☐			$	$	$	
☐			$	$	$	
☐			$	$	$	
☐			$	$	$	
☐			$	$	$	
☐			$	$	$	
☐			$	$	$	
☐			$	$	$	
☐			$	$	$	
☐			$	$	$	
☐			$	$	$	
☐			$	$	$	
☐			$	$	$	
☐			$	$	$	
☐			$	$	$	
	TOTAL		$	$	$	

Bill Payment Tracker

Year: _____   Month: _____

PAID	Bill	DUE DATE	AMT DUE	AMT PAID	UNPAID BALANCE	NOTES
☐			$	$	$	
☐			$	$	$	
☐			$	$	$	
☐			$	$	$	
☐			$	$	$	
☐			$	$	$	
☐			$	$	$	
☐			$	$	$	
☐			$	$	$	
☐			$	$	$	
☐			$	$	$	
☐			$	$	$	
☐			$	$	$	
☐			$	$	$	
☐			$	$	$	
☐			$	$	$	
☐			$	$	$	
☐			$	$	$	
☐			$	$	$	
☐			$	$	$	
☐			$	$	$	
☐			$	$	$	
☐			$	$	$	
☐			$	$	$	
☐			$	$	$	
☐			$	$	$	
TOTAL			$	$	$	

Bill Payment Tracker

PAID	Bill	DUE DATE	AMT DUE	AMT PAID	UNPAID BALANCE	NOTES
☐			$	$	$	
☐			$	$	$	
☐			$	$	$	
☐			$	$	$	
☐			$	$	$	
☐			$	$	$	
☐			$	$	$	
☐			$	$	$	
☐			$	$	$	
☐			$	$	$	
☐			$	$	$	
☐			$	$	$	
☐			$	$	$	
☐			$	$	$	
☐			$	$	$	
☐			$	$	$	
☐			$	$	$	
☐			$	$	$	
☐			$	$	$	
☐			$	$	$	
☐			$	$	$	
☐			$	$	$	
☐			$	$	$	
☐			$	$	$	
☐			$	$	$	
☐			$	$	$	
☐			$	$	$	
☐			$	$	$	
TOTAL			$	$	$	

Bill Payment Tracker

Year:　　　　　　　Month:

PAID	Bill	DUE DATE	AMT DUE	AMT PAID	UNPAID BALANCE	NOTES
☐			$	$	$	
☐			$	$	$	
☐			$	$	$	
☐			$	$	$	
☐			$	$	$	
☐			$	$	$	
☐			$	$	$	
☐			$	$	$	
☐			$	$	$	
☐			$	$	$	
☐			$	$	$	
☐			$	$	$	
☐			$	$	$	
☐			$	$	$	
☐			$	$	$	
☐			$	$	$	
☐			$	$	$	
☐			$	$	$	
☐			$	$	$	
☐			$	$	$	
☐			$	$	$	
☐			$	$	$	
☐			$	$	$	
☐			$	$	$	
☐			$	$	$	
☐			$	$	$	
☐			$	$	$	
TOTAL			$	$	$	

Bill Payment Tracker

PAID	*Bill*	DUE DATE	AMT DUE	AMT PAID	UNPAID BALANCE	NOTES
☐			$	$	$	
☐			$	$	$	
☐			$	$	$	
☐			$	$	$	
☐			$	$	$	
☐			$	$	$	
☐			$	$	$	
☐			$	$	$	
☐			$	$	$	
☐			$	$	$	
☐			$	$	$	
☐			$	$	$	
☐			$	$	$	
☐			$	$	$	
☐			$	$	$	
☐			$	$	$	
☐			$	$	$	
☐			$	$	$	
☐			$	$	$	
☐			$	$	$	
☐			$	$	$	
☐			$	$	$	
☐			$	$	$	
☐			$	$	$	
☐			$	$	$	
☐			$	$	$	
TOTAL			$	$	$	

| Year: | | | | | | Month: |

Bill Payment Tracker

PAID	Bill	DUE DATE	AMT DUE	AMT PAID	UNPAID BALANCE	NOTES
☐			$	$	$	
☐			$	$	$	
☐			$	$	$	
☐			$	$	$	
☐			$	$	$	
☐			$	$	$	
☐			$	$	$	
☐			$	$	$	
☐			$	$	$	
☐			$	$	$	
☐			$	$	$	
☐			$	$	$	
☐			$	$	$	
☐			$	$	$	
☐			$	$	$	
☐			$	$	$	
☐			$	$	$	
☐			$	$	$	
☐			$	$	$	
☐			$	$	$	
☐			$	$	$	
☐			$	$	$	
☐			$	$	$	
☐			$	$	$	
☐			$	$	$	
☐			$	$	$	
☐			$	$	$	
	TOTAL		$	$	$	

PAID	*Bill*	DUE DATE	AMT DUE	AMT PAID	UNPAID BALANCE	NOTES
☐			$	$	$	
☐			$	$	$	
☐			$	$	$	
☐			$	$	$	
☐			$	$	$	
☐			$	$	$	
☐			$	$	$	
☐			$	$	$	
☐			$	$	$	
☐			$	$	$	
☐			$	$	$	
☐			$	$	$	
☐			$	$	$	
☐			$	$	$	
☐			$	$	$	
☐			$	$	$	
☐			$	$	$	
☐			$	$	$	
☐			$	$	$	
☐			$	$	$	
☐			$	$	$	
☐			$	$	$	
☐			$	$	$	
☐			$	$	$	
☐			$	$	$	
☐			$	$	$	
☐			$	$	$	
	TOTAL		$	$	$	

Year:
Bill Payment Tracker
Month:

| Year: | | | | Bill Payment Tracker | | Month: | |

PAID	Bill	DUE DATE	AMT DUE	AMT PAID	UNPAID BALANCE	NOTES
☐			$	$	$	
☐			$	$	$	
☐			$	$	$	
☐			$	$	$	
☐			$	$	$	
☐			$	$	$	
☐			$	$	$	
☐			$	$	$	
☐			$	$	$	
☐			$	$	$	
☐			$	$	$	
☐			$	$	$	
☐			$	$	$	
☐			$	$	$	
☐			$	$	$	
☐			$	$	$	
☐			$	$	$	
☐			$	$	$	
☐			$	$	$	
☐			$	$	$	
☐			$	$	$	
☐			$	$	$	
☐			$	$	$	
☐			$	$	$	
☐			$	$	$	
☐			$	$	$	
☐			$	$	$	
☐			$	$	$	
	TOTAL		$	$	$	

Year:		Bill Payment Tracker				Month:	

PAID	Bill	DUE DATE	AMT DUE	AMT PAID	UNPAID BALANCE	NOTES
☐			$	$	$	
☐			$	$	$	
☐			$	$	$	
☐			$	$	$	
☐			$	$	$	
☐			$	$	$	
☐			$	$	$	
☐			$	$	$	
☐			$	$	$	
☐			$	$	$	
☐			$	$	$	
☐			$	$	$	
☐			$	$	$	
☐			$	$	$	
☐			$	$	$	
☐			$	$	$	
☐			$	$	$	
☐			$	$	$	
☐			$	$	$	
☐			$	$	$	
☐			$	$	$	
☐			$	$	$	
☐			$	$	$	
☐			$	$	$	
☐			$	$	$	
☐			$	$	$	
☐			$	$	$	
☐			$	$	$	
	TOTAL		$	$	$	

Bill Payment Tracker

Year: 　　　　　　　　　　　　　　　　　　　　　　　Month:

PAID	Bill	DUE DATE	AMT DUE	AMT PAID	UNPAID BALANCE	NOTES
☐			$	$	$	
☐			$	$	$	
☐			$	$	$	
☐			$	$	$	
☐			$	$	$	
☐			$	$	$	
☐			$	$	$	
☐			$	$	$	
☐			$	$	$	
☐			$	$	$	
☐			$	$	$	
☐			$	$	$	
☐			$	$	$	
☐			$	$	$	
☐			$	$	$	
☐			$	$	$	
☐			$	$	$	
☐			$	$	$	
☐			$	$	$	
☐			$	$	$	
☐			$	$	$	
☐			$	$	$	
☐			$	$	$	
☐			$	$	$	
☐			$	$	$	
☐			$	$	$	
TOTAL			$	$	$	

Year:		**Bill Payment Tracker**				Month:	

PAID	*Bill*	DUE DATE	AMT DUE	AMT PAID	UNPAID BALANCE	NOTES
☐			$	$	$	
☐			$	$	$	
☐			$	$	$	
☐			$	$	$	
☐			$	$	$	
☐			$	$	$	
☐			$	$	$	
☐			$	$	$	
☐			$	$	$	
☐			$	$	$	
☐			$	$	$	
☐			$	$	$	
☐			$	$	$	
☐			$	$	$	
☐			$	$	$	
☐			$	$	$	
☐			$	$	$	
☐			$	$	$	
☐			$	$	$	
☐			$	$	$	
☐			$	$	$	
☐			$	$	$	
☐			$	$	$	
☐			$	$	$	
☐			$	$	$	
☐			$	$	$	
☐			$	$	$	
☐			$	$	$	
TOTAL			$	$	$	

Bill Payment Tracker

Year:

Month:

PAID	Bill	DUE DATE	AMT DUE	AMT PAID	UNPAID BALANCE	NOTES
☐			$	$	$	
☐			$	$	$	
☐			$	$	$	
☐			$	$	$	
☐			$	$	$	
☐			$	$	$	
☐			$	$	$	
☐			$	$	$	
☐			$	$	$	
☐			$	$	$	
☐			$	$	$	
☐			$	$	$	
☐			$	$	$	
☐			$	$	$	
☐			$	$	$	
☐			$	$	$	
☐			$	$	$	
☐			$	$	$	
☐			$	$	$	
☐			$	$	$	
☐			$	$	$	
☐			$	$	$	
☐			$	$	$	
☐			$	$	$	
☐			$	$	$	
☐			$	$	$	
☐			$	$	$	
TOTAL			$	$	$	

Bill Payment Tracker

Year:		Month:

PAID	Bill	DUE DATE	AMT DUE	AMT PAID	UNPAID BALANCE	NOTES
☐			$	$	$	
☐			$	$	$	
☐			$	$	$	
☐			$	$	$	
☐			$	$	$	
☐			$	$	$	
☐			$	$	$	
☐			$	$	$	
☐			$	$	$	
☐			$	$	$	
☐			$	$	$	
☐			$	$	$	
☐			$	$	$	
☐			$	$	$	
☐			$	$	$	
☐			$	$	$	
☐			$	$	$	
☐			$	$	$	
☐			$	$	$	
☐			$	$	$	
☐			$	$	$	
☐			$	$	$	
☐			$	$	$	
☐			$	$	$	
☐			$	$	$	
☐			$	$	$	
☐			$	$	$	
TOTAL			$	$	$	

Year:					Month:	

Bill Payment Tracker

PAID	*Bill*	DUE DATE	AMT DUE	AMT PAID	UNPAID BALANCE	NOTES
☐			$	$	$	
☐			$	$	$	
☐			$	$	$	
☐			$	$	$	
☐			$	$	$	
☐			$	$	$	
☐			$	$	$	
☐			$	$	$	
☐			$	$	$	
☐			$	$	$	
☐			$	$	$	
☐			$	$	$	
☐			$	$	$	
☐			$	$	$	
☐			$	$	$	
☐			$	$	$	
☐			$	$	$	
☐			$	$	$	
☐			$	$	$	
☐			$	$	$	
☐			$	$	$	
☐			$	$	$	
☐			$	$	$	
☐			$	$	$	
☐			$	$	$	
☐			$	$	$	
☐			$	$	$	
☐			$	$	$	
TOTAL			$	$	$	

Bill Payment Tracker

PAID	Bill	DUE DATE	AMT DUE	AMT PAID	UNPAID BALANCE	NOTES
☐			$	$	$	
☐			$	$	$	
☐			$	$	$	
☐			$	$	$	
☐			$	$	$	
☐			$	$	$	
☐			$	$	$	
☐			$	$	$	
☐			$	$	$	
☐			$	$	$	
☐			$	$	$	
☐			$	$	$	
☐			$	$	$	
☐			$	$	$	
☐			$	$	$	
☐			$	$	$	
☐			$	$	$	
☐			$	$	$	
☐			$	$	$	
☐			$	$	$	
☐			$	$	$	
☐			$	$	$	
☐			$	$	$	
☐			$	$	$	
☐			$	$	$	
☐			$	$	$	
☐			$	$	$	
TOTAL			$	$	$	

Year:		Bill Payment Tracker				Month:	

PAID	Bill	DUE DATE	AMT DUE	AMT PAID	UNPAID BALANCE	NOTES
☐			$	$	$	
☐			$	$	$	
☐			$	$	$	
☐			$	$	$	
☐			$	$	$	
☐			$	$	$	
☐			$	$	$	
☐			$	$	$	
☐			$	$	$	
☐			$	$	$	
☐			$	$	$	
☐			$	$	$	
☐			$	$	$	
☐			$	$	$	
☐			$	$	$	
☐			$	$	$	
☐			$	$	$	
☐			$	$	$	
☐			$	$	$	
☐			$	$	$	
☐			$	$	$	
☐			$	$	$	
☐			$	$	$	
☐			$	$	$	
☐			$	$	$	
☐			$	$	$	
☐			$	$	$	
TOTAL			$	$	$	

Bill Payment Tracker

PAID	Bill	DUE DATE	AMT DUE	AMT PAID	UNPAID BALANCE	NOTES
☐			$	$	$	
☐			$	$	$	
☐			$	$	$	
☐			$	$	$	
☐			$	$	$	
☐			$	$	$	
☐			$	$	$	
☐			$	$	$	
☐			$	$	$	
☐			$	$	$	
☐			$	$	$	
☐			$	$	$	
☐			$	$	$	
☐			$	$	$	
☐			$	$	$	
☐			$	$	$	
☐			$	$	$	
☐			$	$	$	
☐			$	$	$	
☐			$	$	$	
☐			$	$	$	
☐			$	$	$	
☐			$	$	$	
☐			$	$	$	
☐			$	$	$	
☐			$	$	$	
☐			$	$	$	
TOTAL			$	$	$	

Year:		Bill Payment Tracker				Month:	

PAID	Bill	DUE DATE	AMT DUE	AMT PAID	UNPAID BALANCE	NOTES
☐			$	$	$	
☐			$	$	$	
☐			$	$	$	
☐			$	$	$	
☐			$	$	$	
☐			$	$	$	
☐			$	$	$	
☐			$	$	$	
☐			$	$	$	
☐			$	$	$	
☐			$	$	$	
☐			$	$	$	
☐			$	$	$	
☐			$	$	$	
☐			$	$	$	
☐			$	$	$	
☐			$	$	$	
☐			$	$	$	
☐			$	$	$	
☐			$	$	$	
☐			$	$	$	
☐			$	$	$	
☐			$	$	$	
☐			$	$	$	
☐			$	$	$	
☐			$	$	$	
☐			$	$	$	
TOTAL			$	$	$	

Bill Payment Tracker

Year: _____

Month: _____

PAID	Bill	DUE DATE	AMT DUE	AMT PAID	UNPAID BALANCE	NOTES
☐			$	$	$	
☐			$	$	$	
☐			$	$	$	
☐			$	$	$	
☐			$	$	$	
☐			$	$	$	
☐			$	$	$	
☐			$	$	$	
☐			$	$	$	
☐			$	$	$	
☐			$	$	$	
☐			$	$	$	
☐			$	$	$	
☐			$	$	$	
☐			$	$	$	
☐			$	$	$	
☐			$	$	$	
☐			$	$	$	
☐			$	$	$	
☐			$	$	$	
☐			$	$	$	
☐			$	$	$	
☐			$	$	$	
☐			$	$	$	
☐			$	$	$	
☐			$	$	$	
TOTAL			$	$	$	

Year:		Bill Payment Tracker			Month:		

PAID	Bill	DUE DATE	AMT DUE	AMT PAID	UNPAID BALANCE	NOTES
☐			$	$	$	
☐			$	$	$	
☐			$	$	$	
☐			$	$	$	
☐			$	$	$	
☐			$	$	$	
☐			$	$	$	
☐			$	$	$	
☐			$	$	$	
☐			$	$	$	
☐			$	$	$	
☐			$	$	$	
☐			$	$	$	
☐			$	$	$	
☐			$	$	$	
☐			$	$	$	
☐			$	$	$	
☐			$	$	$	
☐			$	$	$	
☐			$	$	$	
☐			$	$	$	
☐			$	$	$	
☐			$	$	$	
☐			$	$	$	
☐			$	$	$	
☐			$	$	$	
☐			$	$	$	
☐			$	$	$	
	TOTAL		$	$	$	

Year:		Bill Payment Tracker				Month:	

PAID	Bill	DUE DATE	AMT DUE	AMT PAID	UNPAID BALANCE	NOTES
☐			$	$	$	
☐			$	$	$	
☐			$	$	$	
☐			$	$	$	
☐			$	$	$	
☐			$	$	$	
☐			$	$	$	
☐			$	$	$	
☐			$	$	$	
☐			$	$	$	
☐			$	$	$	
☐			$	$	$	
☐			$	$	$	
☐			$	$	$	
☐			$	$	$	
☐			$	$	$	
☐			$	$	$	
☐			$	$	$	
☐			$	$	$	
☐			$	$	$	
☐			$	$	$	
☐			$	$	$	
☐			$	$	$	
☐			$	$	$	
☐			$	$	$	
☐			$	$	$	
TOTAL			$	$	$	

Year:		Bill Payment Tracker				Month:	

PAID	Bill	DUE DATE	AMT DUE	AMT PAID	UNPAID BALANCE	NOTES
☐			$	$	$	
☐			$	$	$	
☐			$	$	$	
☐			$	$	$	
☐			$	$	$	
☐			$	$	$	
☐			$	$	$	
☐			$	$	$	
☐			$	$	$	
☐			$	$	$	
☐			$	$	$	
☐			$	$	$	
☐			$	$	$	
☐			$	$	$	
☐			$	$	$	
☐			$	$	$	
☐			$	$	$	
☐			$	$	$	
☐			$	$	$	
☐			$	$	$	
☐			$	$	$	
☐			$	$	$	
☐			$	$	$	
☐			$	$	$	
☐			$	$	$	
☐			$	$	$	
☐			$	$	$	
☐			$	$	$	
☐			$	$	$	
	TOTAL		$	$	$	

Bill Payment Tracker

PAID	Bill	DUE DATE	AMT DUE	AMT PAID	UNPAID BALANCE	NOTES
☐			$	$	$	
☐			$	$	$	
☐			$	$	$	
☐			$	$	$	
☐			$	$	$	
☐			$	$	$	
☐			$	$	$	
☐			$	$	$	
☐			$	$	$	
☐			$	$	$	
☐			$	$	$	
☐			$	$	$	
☐			$	$	$	
☐			$	$	$	
☐			$	$	$	
☐			$	$	$	
☐			$	$	$	
☐			$	$	$	
☐			$	$	$	
☐			$	$	$	
☐			$	$	$	
☐			$	$	$	
☐			$	$	$	
☐			$	$	$	
☐			$	$	$	
☐			$	$	$	
☐			$	$	$	
☐			$	$	$	
☐			$	$	$	
	TOTAL		$	$	$	

Year:						

Bill Payment Tracker

Month:

PAID	Bill	DUE DATE	AMT DUE	AMT PAID	UNPAID BALANCE	NOTES
☐			$	$	$	
☐			$	$	$	
☐			$	$	$	
☐			$	$	$	
☐			$	$	$	
☐			$	$	$	
☐			$	$	$	
☐			$	$	$	
☐			$	$	$	
☐			$	$	$	
☐			$	$	$	
☐			$	$	$	
☐			$	$	$	
☐			$	$	$	
☐			$	$	$	
☐			$	$	$	
☐			$	$	$	
☐			$	$	$	
☐			$	$	$	
☐			$	$	$	
☐			$	$	$	
☐			$	$	$	
☐			$	$	$	
☐			$	$	$	
☐			$	$	$	
☐			$	$	$	
☐			$	$	$	
	TOTAL		$	$	$	

Bill Payment Tracker

Year: Month:

PAID	Bill	DUE DATE	AMT DUE	AMT PAID	UNPAID BALANCE	NOTES
☐			$	$	$	
☐			$	$	$	
☐			$	$	$	
☐			$	$	$	
☐			$	$	$	
☐			$	$	$	
☐			$	$	$	
☐			$	$	$	
☐			$	$	$	
☐			$	$	$	
☐			$	$	$	
☐			$	$	$	
☐			$	$	$	
☐			$	$	$	
☐			$	$	$	
☐			$	$	$	
☐			$	$	$	
☐			$	$	$	
☐			$	$	$	
☐			$	$	$	
☐			$	$	$	
☐			$	$	$	
☐			$	$	$	
☐			$	$	$	
☐			$	$	$	
☐			$	$	$	
☐			$	$	$	
☐			$	$	$	
	TOTAL		$	$	$	

Bill Payment Tracker

PAID	Bill	DUE DATE	AMT DUE	AMT PAID	UNPAID BALANCE	NOTES
☐			$	$	$	
☐			$	$	$	
☐			$	$	$	
☐			$	$	$	
☐			$	$	$	
☐			$	$	$	
☐			$	$	$	
☐			$	$	$	
☐			$	$	$	
☐			$	$	$	
☐			$	$	$	
☐			$	$	$	
☐			$	$	$	
☐			$	$	$	
☐			$	$	$	
☐			$	$	$	
☐			$	$	$	
☐			$	$	$	
☐			$	$	$	
☐			$	$	$	
☐			$	$	$	
☐			$	$	$	
☐			$	$	$	
☐			$	$	$	
☐			$	$	$	
☐			$	$	$	
☐			$	$	$	
TOTAL			$	$	$	

Bill Payment Tracker

PAID	Bill	DUE DATE	AMT DUE	AMT PAID	UNPAID BALANCE	NOTES
☐			$	$	$	
☐			$	$	$	
☐			$	$	$	
☐			$	$	$	
☐			$	$	$	
☐			$	$	$	
☐			$	$	$	
☐			$	$	$	
☐			$	$	$	
☐			$	$	$	
☐			$	$	$	
☐			$	$	$	
☐			$	$	$	
☐			$	$	$	
☐			$	$	$	
☐			$	$	$	
☐			$	$	$	
☐			$	$	$	
☐			$	$	$	
☐			$	$	$	
☐			$	$	$	
☐			$	$	$	
☐			$	$	$	
☐			$	$	$	
☐			$	$	$	
☐			$	$	$	
☐			$	$	$	
TOTAL			$	$	$	

		Bill Payment Tracker			

Year: _____   **Bill Payment Tracker**   Month: _____

PAID	*Bill*	DUE DATE	AMT DUE	AMT PAID	UNPAID BALANCE	NOTES
☐			$	$	$	
☐			$	$	$	
☐			$	$	$	
☐			$	$	$	
☐			$	$	$	
☐			$	$	$	
☐			$	$	$	
☐			$	$	$	
☐			$	$	$	
☐			$	$	$	
☐			$	$	$	
☐			$	$	$	
☐			$	$	$	
☐			$	$	$	
☐			$	$	$	
☐			$	$	$	
☐			$	$	$	
☐			$	$	$	
☐			$	$	$	
☐			$	$	$	
☐			$	$	$	
☐			$	$	$	
☐			$	$	$	
☐			$	$	$	
☐			$	$	$	
☐			$	$	$	
☐			$	$	$	
	TOTAL		$	$	$	

Bill Payment Tracker

Year: _____   Month: _____

PAID	Bill	DUE DATE	AMT DUE	AMT PAID	UNPAID BALANCE	NOTES
☐			$	$	$	
☐			$	$	$	
☐			$	$	$	
☐			$	$	$	
☐			$	$	$	
☐			$	$	$	
☐			$	$	$	
☐			$	$	$	
☐			$	$	$	
☐			$	$	$	
☐			$	$	$	
☐			$	$	$	
☐			$	$	$	
☐			$	$	$	
☐			$	$	$	
☐			$	$	$	
☐			$	$	$	
☐			$	$	$	
☐			$	$	$	
☐			$	$	$	
☐			$	$	$	
☐			$	$	$	
☐			$	$	$	
☐			$	$	$	
☐			$	$	$	
☐			$	$	$	
TOTAL			$	$	$	

Bill Payment Tracker

Year: Month:

PAID	Bill	DUE DATE	AMT DUE	AMT PAID	UNPAID BALANCE	NOTES
☐			$	$	$	
☐			$	$	$	
☐			$	$	$	
☐			$	$	$	
☐			$	$	$	
☐			$	$	$	
☐			$	$	$	
☐			$	$	$	
☐			$	$	$	
☐			$	$	$	
☐			$	$	$	
☐			$	$	$	
☐			$	$	$	
☐			$	$	$	
☐			$	$	$	
☐			$	$	$	
☐			$	$	$	
☐			$	$	$	
☐			$	$	$	
☐			$	$	$	
☐			$	$	$	
☐			$	$	$	
☐			$	$	$	
☐			$	$	$	
☐			$	$	$	
☐			$	$	$	
☐			$	$	$	
☐			$	$	$	
TOTAL			$	$	$	

Bill Payment Tracker

PAID	Bill	DUE DATE	AMT DUE	AMT PAID	UNPAID BALANCE	NOTES
☐			$	$	$	
☐			$	$	$	
☐			$	$	$	
☐			$	$	$	
☐			$	$	$	
☐			$	$	$	
☐			$	$	$	
☐			$	$	$	
☐			$	$	$	
☐			$	$	$	
☐			$	$	$	
☐			$	$	$	
☐			$	$	$	
☐			$	$	$	
☐			$	$	$	
☐			$	$	$	
☐			$	$	$	
☐			$	$	$	
☐			$	$	$	
☐			$	$	$	
☐			$	$	$	
☐			$	$	$	
☐			$	$	$	
☐			$	$	$	
☐			$	$	$	
☐			$	$	$	
TOTAL			$	$	$	

Year:						

Bill Payment Tracker

Month:

PAID	*Bill*	DUE DATE	AMT DUE	AMT PAID	UNPAID BALANCE	NOTES
☐			$	$	$	
☐			$	$	$	
☐			$	$	$	
☐			$	$	$	
☐			$	$	$	
☐			$	$	$	
☐			$	$	$	
☐			$	$	$	
☐			$	$	$	
☐			$	$	$	
☐			$	$	$	
☐			$	$	$	
☐			$	$	$	
☐			$	$	$	
☐			$	$	$	
☐			$	$	$	
☐			$	$	$	
☐			$	$	$	
☐			$	$	$	
☐			$	$	$	
☐			$	$	$	
☐			$	$	$	
☐			$	$	$	
☐			$	$	$	
☐			$	$	$	
☐			$	$	$	
☐			$	$	$	
	TOTAL		$	$	$	

Bill Payment Tracker

Year: _____ Month: _____

PAID	Bill	DUE DATE	AMT DUE	AMT PAID	UNPAID BALANCE	NOTES
☐			$	$	$	
☐			$	$	$	
☐			$	$	$	
☐			$	$	$	
☐			$	$	$	
☐			$	$	$	
☐			$	$	$	
☐			$	$	$	
☐			$	$	$	
☐			$	$	$	
☐			$	$	$	
☐			$	$	$	
☐			$	$	$	
☐			$	$	$	
☐			$	$	$	
☐			$	$	$	
☐			$	$	$	
☐			$	$	$	
☐			$	$	$	
☐			$	$	$	
☐			$	$	$	
☐			$	$	$	
☐			$	$	$	
☐			$	$	$	
☐			$	$	$	
☐			$	$	$	
☐			$	$	$	
☐			$	$	$	
TOTAL			$	$	$	

_____

_____

_____

Bill Payment Tracker

Year:

Month:

PAID	Bill	DUE DATE	AMT DUE	AMT PAID	UNPAID BALANCE	NOTES
☐			$	$	$	
☐			$	$	$	
☐			$	$	$	
☐			$	$	$	
☐			$	$	$	
☐			$	$	$	
☐			$	$	$	
☐			$	$	$	
☐			$	$	$	
☐			$	$	$	
☐			$	$	$	
☐			$	$	$	
☐			$	$	$	
☐			$	$	$	
☐			$	$	$	
☐			$	$	$	
☐			$	$	$	
☐			$	$	$	
☐			$	$	$	
☐			$	$	$	
☐			$	$	$	
☐			$	$	$	
☐			$	$	$	
☐			$	$	$	
☐			$	$	$	
☐			$	$	$	
☐			$	$	$	
☐			$	$	$	
	TOTAL		$	$	$	

Year:	Bill Payment Tracker			Month:		

PAID	Bill	DUE DATE	AMT DUE	AMT PAID	UNPAID BALANCE	NOTES
☐			$	$	$	
☐			$	$	$	
☐			$	$	$	
☐			$	$	$	
☐			$	$	$	
☐			$	$	$	
☐			$	$	$	
☐			$	$	$	
☐			$	$	$	
☐			$	$	$	
☐			$	$	$	
☐			$	$	$	
☐			$	$	$	
☐			$	$	$	
☐			$	$	$	
☐			$	$	$	
☐			$	$	$	
☐			$	$	$	
☐			$	$	$	
☐			$	$	$	
☐			$	$	$	
☐			$	$	$	
☐			$	$	$	
☐			$	$	$	
☐			$	$	$	
☐			$	$	$	
☐			$	$	$	
☐			$	$	$	
TOTAL			$	$	$	

Bill Payment Tracker

PAID	Bill	DUE DATE	AMT DUE	AMT PAID	UNPAID BALANCE	NOTES
☐			$	$	$	
☐			$	$	$	
☐			$	$	$	
☐			$	$	$	
☐			$	$	$	
☐			$	$	$	
☐			$	$	$	
☐			$	$	$	
☐			$	$	$	
☐			$	$	$	
☐			$	$	$	
☐			$	$	$	
☐			$	$	$	
☐			$	$	$	
☐			$	$	$	
☐			$	$	$	
☐			$	$	$	
☐			$	$	$	
☐			$	$	$	
☐			$	$	$	
☐			$	$	$	
☐			$	$	$	
☐			$	$	$	
☐			$	$	$	
☐			$	$	$	
☐			$	$	$	
☐			$	$	$	
	TOTAL		$	$	$	

Year:						

Bill Payment Tracker

Month:	

PAID	Bill	DUE DATE	AMT DUE	AMT PAID	UNPAID BALANCE	NOTES
☐			$	$	$	
☐			$	$	$	
☐			$	$	$	
☐			$	$	$	
☐			$	$	$	
☐			$	$	$	
☐			$	$	$	
☐			$	$	$	
☐			$	$	$	
☐			$	$	$	
☐			$	$	$	
☐			$	$	$	
☐			$	$	$	
☐			$	$	$	
☐			$	$	$	
☐			$	$	$	
☐			$	$	$	
☐			$	$	$	
☐			$	$	$	
☐			$	$	$	
☐			$	$	$	
☐			$	$	$	
☐			$	$	$	
☐			$	$	$	
☐			$	$	$	
☐			$	$	$	
☐			$	$	$	
☐			$	$	$	
	TOTAL		$	$	$	

Bill Payment Tracker

PAID	Bill	DUE DATE	AMT DUE	AMT PAID	UNPAID BALANCE	NOTES
☐			$	$	$	
☐			$	$	$	
☐			$	$	$	
☐			$	$	$	
☐			$	$	$	
☐			$	$	$	
☐			$	$	$	
☐			$	$	$	
☐			$	$	$	
☐			$	$	$	
☐			$	$	$	
☐			$	$	$	
☐			$	$	$	
☐			$	$	$	
☐			$	$	$	
☐			$	$	$	
☐			$	$	$	
☐			$	$	$	
☐			$	$	$	
☐			$	$	$	
☐			$	$	$	
☐			$	$	$	
☐			$	$	$	
☐			$	$	$	
☐			$	$	$	
☐			$	$	$	
☐			$	$	$	
TOTAL			$	$	$	

Bill Payment Tracker

PAID	Bill	DUE DATE	AMT DUE	AMT PAID	UNPAID BALANCE	NOTES
☐			$	$	$	
☐			$	$	$	
☐			$	$	$	
☐			$	$	$	
☐			$	$	$	
☐			$	$	$	
☐			$	$	$	
☐			$	$	$	
☐			$	$	$	
☐			$	$	$	
☐			$	$	$	
☐			$	$	$	
☐			$	$	$	
☐			$	$	$	
☐			$	$	$	
☐			$	$	$	
☐			$	$	$	
☐			$	$	$	
☐			$	$	$	
☐			$	$	$	
☐			$	$	$	
☐			$	$	$	
☐			$	$	$	
☐			$	$	$	
☐			$	$	$	
☐			$	$	$	
☐			$	$	$	
	TOTAL		$	$	$	

Bill Payment Tracker

PAID	Bill	DUE DATE	AMT DUE	AMT PAID	UNPAID BALANCE	NOTES
☐			$	$	$	
☐			$	$	$	
☐			$	$	$	
☐			$	$	$	
☐			$	$	$	
☐			$	$	$	
☐			$	$	$	
☐			$	$	$	
☐			$	$	$	
☐			$	$	$	
☐			$	$	$	
☐			$	$	$	
☐			$	$	$	
☐			$	$	$	
☐			$	$	$	
☐			$	$	$	
☐			$	$	$	
☐			$	$	$	
☐			$	$	$	
☐			$	$	$	
☐			$	$	$	
☐			$	$	$	
☐			$	$	$	
☐			$	$	$	
☐			$	$	$	
☐			$	$	$	
☐			$	$	$	
TOTAL			$	$	$	

Bill Payment Tracker

PAID	Bill	DUE DATE	AMT DUE	AMT PAID	UNPAID BALANCE	NOTES
☐			$	$	$	
☐			$	$	$	
☐			$	$	$	
☐			$	$	$	
☐			$	$	$	
☐			$	$	$	
☐			$	$	$	
☐			$	$	$	
☐			$	$	$	
☐			$	$	$	
☐			$	$	$	
☐			$	$	$	
☐			$	$	$	
☐			$	$	$	
☐			$	$	$	
☐			$	$	$	
☐			$	$	$	
☐			$	$	$	
☐			$	$	$	
☐			$	$	$	
☐			$	$	$	
☐			$	$	$	
☐			$	$	$	
☐			$	$	$	
☐			$	$	$	
☐			$	$	$	
☐			$	$	$	
☐			$	$	$	
☐			$	$	$	
	TOTAL		$	$	$	

Year:		Bill Payment Tracker			Month:		

PAID	Bill	DUE DATE	AMT DUE	AMT PAID	UNPAID BALANCE	NOTES
☐			$	$	$	
☐			$	$	$	
☐			$	$	$	
☐			$	$	$	
☐			$	$	$	
☐			$	$	$	
☐			$	$	$	
☐			$	$	$	
☐			$	$	$	
☐			$	$	$	
☐			$	$	$	
☐			$	$	$	
☐			$	$	$	
☐			$	$	$	
☐			$	$	$	
☐			$	$	$	
☐			$	$	$	
☐			$	$	$	
☐			$	$	$	
☐			$	$	$	
☐			$	$	$	
☐			$	$	$	
☐			$	$	$	
☐			$	$	$	
☐			$	$	$	
☐			$	$	$	
☐			$	$	$	
TOTAL			$	$	$	

Bill Payment Tracker

| Year: | | Month: | | | | |

PAID	Bill	DUE DATE	AMT DUE	AMT PAID	UNPAID BALANCE	NOTES
☐			$	$	$	
☐			$	$	$	
☐			$	$	$	
☐			$	$	$	
☐			$	$	$	
☐			$	$	$	
☐			$	$	$	
☐			$	$	$	
☐			$	$	$	
☐			$	$	$	
☐			$	$	$	
☐			$	$	$	
☐			$	$	$	
☐			$	$	$	
☐			$	$	$	
☐			$	$	$	
☐			$	$	$	
☐			$	$	$	
☐			$	$	$	
☐			$	$	$	
☐			$	$	$	
☐			$	$	$	
☐			$	$	$	
☐			$	$	$	
☐			$	$	$	
☐			$	$	$	
☐			$	$	$	
☐			$	$	$	
	TOTAL		$	$	$	

Bill Payment Tracker

Year: _____ Month: _____

PAID	Bill	DUE DATE	AMT DUE	AMT PAID	UNPAID BALANCE	NOTES
☐			$	$	$	
☐			$	$	$	
☐			$	$	$	
☐			$	$	$	
☐			$	$	$	
☐			$	$	$	
☐			$	$	$	
☐			$	$	$	
☐			$	$	$	
☐			$	$	$	
☐			$	$	$	
☐			$	$	$	
☐			$	$	$	
☐			$	$	$	
☐			$	$	$	
☐			$	$	$	
☐			$	$	$	
☐			$	$	$	
☐			$	$	$	
☐			$	$	$	
☐			$	$	$	
☐			$	$	$	
☐			$	$	$	
☐			$	$	$	
☐			$	$	$	
☐			$	$	$	
☐			$	$	$	
TOTAL			$	$	$	

_____

_____

_____

Year:						Month:

Bill Payment Tracker

PAID	Bill	DUE DATE	AMT DUE	AMT PAID	UNPAID BALANCE	NOTES
☐			$	$	$	
☐			$	$	$	
☐			$	$	$	
☐			$	$	$	
☐			$	$	$	
☐			$	$	$	
☐			$	$	$	
☐			$	$	$	
☐			$	$	$	
☐			$	$	$	
☐			$	$	$	
☐			$	$	$	
☐			$	$	$	
☐			$	$	$	
☐			$	$	$	
☐			$	$	$	
☐			$	$	$	
☐			$	$	$	
☐			$	$	$	
☐			$	$	$	
☐			$	$	$	
☐			$	$	$	
☐			$	$	$	
☐			$	$	$	
☐			$	$	$	
☐			$	$	$	
☐			$	$	$	
TOTAL			$	$	$	

Bill Payment Tracker

PAID	Bill	DUE DATE	AMT DUE	AMT PAID	UNPAID BALANCE	NOTES
☐			$	$	$	
☐			$	$	$	
☐			$	$	$	
☐			$	$	$	
☐			$	$	$	
☐			$	$	$	
☐			$	$	$	
☐			$	$	$	
☐			$	$	$	
☐			$	$	$	
☐			$	$	$	
☐			$	$	$	
☐			$	$	$	
☐			$	$	$	
☐			$	$	$	
☐			$	$	$	
☐			$	$	$	
☐			$	$	$	
☐			$	$	$	
☐			$	$	$	
☐			$	$	$	
☐			$	$	$	
☐			$	$	$	
☐			$	$	$	
☐			$	$	$	
☐			$	$	$	
☐			$	$	$	
☐			$	$	$	
TOTAL			$	$	$	

Year:		Bill Payment Tracker					Month:

PAID	Bill	DUE DATE	AMT DUE	AMT PAID	UNPAID BALANCE	NOTES
☐			$	$	$	
☐			$	$	$	
☐			$	$	$	
☐			$	$	$	
☐			$	$	$	
☐			$	$	$	
☐			$	$	$	
☐			$	$	$	
☐			$	$	$	
☐			$	$	$	
☐			$	$	$	
☐			$	$	$	
☐			$	$	$	
☐			$	$ '	$	
☐			$	$	$	
☐			$	$	$	
☐			$	$	$	
☐			$	$	$	
☐			$	$	$	
☐			$	$	$	
☐			$	$	$	
☐			$	$	$	
☐			$	$	$	
☐			$	$	$	
☐			$	$	$	
☐			$	$	$	
☐			$	$	$	
	TOTAL		$	$	$	

Bill Payment Tracker

Year:

Month:

PAID	Bill	DUE DATE	AMT DUE	AMT PAID	UNPAID BALANCE	NOTES
☐			$	$	$	
☐			$	$	$	
☐			$	$	$	
☐			$	$	$	
☐			$	$	$	
☐			$	$	$	
☐			$	$	$	
☐			$	$	$	
☐			$	$	$	
☐			$	$	$	
☐			$	$	$	
☐			$	$	$	
☐			$	$	$	
☐			$	$	$	
☐			$	$	$	
☐			$	$	$	
☐			$	$	$	
☐			$	$	$	
☐			$	$	$	
☐			$	$	$	
☐			$	$	$	
☐			$	$	$	
☐			$	$	$	
☐			$	$	$	
☐			$	$	$	
☐			$	$	$	
☐			$	$	$	
☐			$	$	$	
	TOTAL		$	$	$	

Bill Payment Tracker

Year:

Month:

PAID	Bill	DUE DATE	AMT DUE	AMT PAID	UNPAID BALANCE	NOTES
☐			$	$	$	
☐			$	$	$	
☐			$	$	$	
☐			$	$	$	
☐			$	$	$	
☐			$	$	$	
☐			$	$	$	
☐			$	$	$	
☐			$	$	$	
☐			$	$	$	
☐			$	$	$	
☐			$	$	$	
☐			$	$	$	
☐			$	$	$	
☐			$	$	$	
☐			$	$	$	
☐			$	$	$	
☐			$	$	$	
☐			$	$	$	
☐			$	$	$	
☐			$	$	$	
☐			$	$	$	
☐			$	$	$	
☐			$	$	$	
☐			$	$	$	
☐			$	$	$	
TOTAL			$	$	$	

Bill Payment Tracker

PAID	Bill	DUE DATE	AMT DUE	AMT PAID	UNPAID BALANCE	NOTES
☐			$	$	$	
☐			$	$	$	
☐			$	$	$	
☐			$	$	$	
☐			$	$	$	
☐			$	$	$	
☐			$	$	$	
☐			$	$	$	
☐			$	$	$	
☐			$	$	$	
☐			$	$	$	
☐			$	$	$	
☐			$	$	$	
☐			$	$	$	
☐			$	$	$	
☐			$	$	$	
☐			$	$	$	
☐			$	$	$	
☐			$	$	$	
☐			$	$	$	
☐			$	$	$	
☐			$	$	$	
☐			$	$	$	
☐			$	$	$	
☐			$	$	$	
☐			$	$	$	
☐			$	$	$	
☐			$	$	$	
	TOTAL		$	$	$	

Bill Payment Tracker

Year: | Month:

PAID	Bill	DUE DATE	AMT DUE	AMT PAID	UNPAID BALANCE	NOTES
☐			$	$	$	
☐			$	$	$	
☐			$	$	$	
☐			$	$	$	
☐			$	$	$	
☐			$	$	$	
☐			$	$	$	
☐			$	$	$	
☐			$	$	$	
☐			$	$	$	
☐			$	$	$	
☐			$	$	$	
☐			$	$	$	
☐			$	$	$	
☐			$	$	$	
☐			$	$	$	
☐			$	$	$	
☐			$	$	$	
☐			$	$	$	
☐			$	$	$	
☐			$	$	$	
☐			$	$	$	
☐			$	$	$	
☐			$	$	$	
☐			$	$	$	
☐			$	$	$	
TOTAL			$	$	$	

Year:		Bill Payment Tracker		Month:			

PAID	Bill	DUE DATE	AMT DUE	AMT PAID	UNPAID BALANCE	NOTES
☐			$	$	$	
☐			$	$	$	
☐			$	$	$	
☐			$	$	$	
☐			$	$	$	
☐			$	$	$	
☐			$	$	$	
☐			$	$	$	
☐			$	$	$	
☐			$	$	$	
☐			$	$	$	
☐			$	$	$	
☐			$	$	$	
☐			$	$	$	
☐			$	$	$	
☐			$	$	$	
☐			$	$	$	
☐			$	$	$	
☐			$	$	$	
☐			$	$	$	
☐			$	$	$	
☐			$	$	$	
☐			$	$	$	
☐			$	$	$	
☐			$	$	$	
☐			$	$	$	
☐			$	$	$	
☐			$	$	$	
	TOTAL		$	$	$	

Bill Payment Tracker

PAID	Bill	DUE DATE	AMT DUE	AMT PAID	UNPAID BALANCE	NOTES
☐			$	$	$	
☐			$	$	$	
☐			$	$	$	
☐			$	$	$	
☐			$	$	$	
☐			$	$	$	
☐			$	$	$	
☐			$	$	$	
☐			$	$	$	
☐			$	$	$	
☐			$	$	$	
☐			$	$	$	
☐			$	$	$	
☐			$	$	$	
☐			$	$	$	
☐			$	$	$	
☐			$	$	$	
☐			$	$	$	
☐			$	$	$	
☐			$	$	$	
☐			$	$	$	
☐			$	$	$	
☐			$	$	$	
☐			$	$	$	
☐			$	$	$	
☐			$	$	$	
☐			$	$	$	
☐			$	$	$	
☐			$	$	$	
	TOTAL		$	$	$	

Year:						

Bill Payment Tracker

Month:

PAID	Bill	DUE DATE	AMT DUE	AMT PAID	UNPAID BALANCE	NOTES
☐			$	$	$	
☐			$	$	$	
☐			$	$	$	
☐			$	$	$	
☐			$	$	$	
☐			$	$	$	
☐			$	$	$	
☐			$	$	$	
☐			$	$	$	
☐			$	$	$	
☐			$	$	$	
☐			$	$	$	
☐			$	$	$	
☐			$	$	$	
☐			$	$	$	
☐			$	$	$	
☐			$	$	$	
☐			$	$	$	
☐			$	$	$	
☐			$	$	$	
☐			$	$	$	
☐			$	$	$	
☐			$	$	$	
☐			$	$	$	
☐			$	$	$	
☐			$	$	$	
☐			$	$	$	
	TOTAL		$	$	$	

Year:	Bill Payment Tracker					Month:
PAID	**Bill**	**DUE DATE**	**AMT DUE**	**AMT PAID**	**UNPAID BALANCE**	**NOTES**
☐			$	$	$	
☐			$	$	$	
☐			$	$	$	
☐			$	$	$	
☐			$	$	$	
☐			$	$	$	
☐			$	$	$	
☐			$	$	$	
☐			$	$	$	
☐			$	$	$	
☐			$	$	$	
☐			$	$	$	
☐			$	$	$	
☐			$	$	$	
☐			$	$	$	
☐			$	$	$	
☐			$	$	$	
☐			$	$	$	
☐			$	$	$	
☐			$	$	$	
☐			$	$	$	
☐			$	$	$	
☐			$	$	$	
☐			$	$	$	
☐			$	$	$	
☐			$	$	$	
☐			$	$	$	
	TOTAL		$	$	$	

Bill Payment Tracker

Year: [ ] Month: [ ]

PAID	Bill	DUE DATE	AMT DUE	AMT PAID	UNPAID BALANCE	NOTES
☐			$	$	$	
☐			$	$	$	
☐			$	$	$	
☐			$	$	$	
☐			$	$	$	
☐			$	$	$	
☐			$	$	$	
☐			$	$	$	
☐			$	$	$	
☐			$	$	$	
☐			$	$	$	
☐			$	$	$	
☐			$	$	$	
☐			$	$	$	
☐			$	$	$	
☐			$	$	$	
☐			$	$	$	
☐			$	$	$	
☐			$	$	$	
☐			$	$	$	
☐			$	$	$	
☐			$	$	$	
☐			$	$	$	
☐			$	$	$	
☐			$	$	$	
☐			$	$	$	
☐			$	$	$	
TOTAL			$	$	$	

Bill Payment Tracker

Year:

Month:

PAID	Bill	DUE DATE	AMT DUE	AMT PAID	UNPAID BALANCE	NOTES
☐			$	$	$	
☐			$	$	$	
☐			$	$	$	
☐			$	$	$	
☐			$	$	$	
☐			$	$	$	
☐			$	$	$	
☐			$	$	$	
☐			$	$	$	
☐			$	$	$	
☐			$	$	$	
☐			$	$	$	
☐			$	$	$	
☐			$	$	$	
☐			$	$	$	
☐			$	$	$	
☐			$	$	$	
☐			$	$	$	
☐			$	$	$	
☐			$	$	$	
☐			$	$	$	
☐			$	$	$	
☐			$	$	$	
☐			$	$	$	
☐			$	$	$	
☐			$	$	$	
☐			$	$	$	
☐			$	$	$	
TOTAL			$	$	$	

Bill Payment Tracker

PAID	Bill	DUE DATE	AMT DUE	AMT PAID	UNPAID BALANCE	NOTES
☐			$	$	$	
☐			$	$	$	
☐			$	$	$	
☐			$	$	$	
☐			$	$	$	
☐			$	$	$	
☐			$	$	$	
☐			$	$	$	
☐			$	$	$	
☐			$	$	$	
☐			$	$	$	
☐			$	$	$	
☐			$	$	$	
☐			$	$	$	
☐			$	$	$	
☐			$	$	$	
☐			$	$	$	
☐			$	$	$	
☐			$	$	$	
☐			$	$	$	
☐			$	$	$	
☐			$	$	$	
☐			$	$	$	
☐			$	$	$	
☐			$	$	$	
☐			$	$	$	
☐			$	$	$	
TOTAL			$	$	$	

Year:			Bill Payment Tracker			Month:	

Bill Payment Tracker

PAID	Bill	DUE DATE	AMT DUE	AMT PAID	UNPAID BALANCE	NOTES
☐			$	$	$	
☐			$	$	$	
☐			$	$	$	
☐			$	$	$	
☐			$	$	$	
☐			$	$	$	
☐			$	$	$	
☐			$	$	$	
☐			$	$	$	
☐			$	$	$	
☐			$	$	$	
☐			$	$	$	
☐			$	$	$	
☐			$	$	$	
☐			$	$	$	
☐			$	$	$	
☐			$	$	$	
☐			$	$	$	
☐			$	$	$	
☐			$	$	$	
☐			$	$	$	
☐			$	$	$	
☐			$	$	$	
☐			$	$	$	
☐			$	$	$	
☐			$	$	$	
TOTAL			$	$	$	

Bill Payment Tracker

Year: _____

Month: _____

PAID	Bill	DUE DATE	AMT DUE	AMT PAID	UNPAID BALANCE	NOTES
☐			$	$	$	
☐			$	$	$	
☐			$	$	$	
☐			$	$	$	
☐			$	$	$	
☐			$	$	$	
☐			$	$	$	
☐			$	$	$	
☐			$	$	$	
☐			$	$	$	
☐			$	$	$	
☐			$	$	$	
☐			$	$	$	
☐			$	$	$	
☐			$	$	$	
☐			$	$	$	
☐			$	$	$	
☐			$	$	$	
☐			$	$	$	
☐			$	$	$	
☐			$	$	$	
☐			$	$	$	
☐			$	$	$	
☐			$	$	$	
☐			$	$	$	
☐			$	$	$	
☐			$	$	$	
TOTAL			$	$	$	

PAID	*Bill*	DUE DATE	AMT DUE	AMT PAID	UNPAID BALANCE	NOTES
☐			$	$	$	
☐			$	$	$	
☐			$	$	$	
☐			$	$	$	
☐			$	$	$	
☐			$	$	$	
☐			$	$	$	
☐			$	$	$	
☐			$	$	$	
☐			$	$	$	
☐			$	$	$	
☐			$	$	$	
☐			$	$	$	
☐			$	$	$	
☐			$	$	$	
☐			$	$	$	
☐			$	$	$	
☐			$	$	$	
☐			$	$	$	
☐			$	$	$	
☐			$	$	$	
☐			$	$	$	
☐			$	$	$	
☐			$	$	$	
☐			$	$	$	
☐			$	$	$	
☐			$	$	$	
☐			$	$	$	
TOTAL			$	$	$	

Year:

Month:

Bill Payment Tracker

Bill Payment Tracker

Year: _____   Month: _____

PAID	Bill	DUE DATE	AMT DUE	AMT PAID	UNPAID BALANCE	NOTES
☐			$	$	$	
☐			$	$	$	
☐			$	$	$	
☐			$	$	$	
☐			$	$	$	
☐			$	$	$	
☐			$	$	$	
☐			$	$	$	
☐			$	$	$	
☐			$	$	$	
☐			$	$	$	
☐			$	$	$	
☐			$	$	$	
☐			$	$	$	
☐			$	$	$	
☐			$	$	$	
☐			$	$	$	
☐			$	$	$	
☐			$	$	$	
☐			$	$	$	
☐			$	$	$	
☐			$	$	$	
☐			$	$	$	
☐			$	$	$	
☐			$	$	$	
☐			$	$	$	
☐			$	$	$	
TOTAL			$	$	$	

Bill Payment Tracker

Year: _____   Month: _____

PAID	Bill	DUE DATE	AMT DUE	AMT PAID	UNPAID BALANCE	NOTES
☐			$	$	$	
☐			$	$	$	
☐			$	$	$	
☐			$	$	$	
☐			$	$	$	
☐			$	$	$	
☐			$	$	$	
☐			$	$	$	
☐			$	$	$	
☐			$	$	$	
☐			$	$	$	
☐			$	$	$	
☐			$	$	$	
☐			$	$	$	
☐			$	$	$	
☐			$	$	$	
☐			$	$	$	
☐			$	$	$	
☐			$	$	$	
☐			$	$	$	
☐			$	$	$	
☐			$	$	$	
☐			$	$	$	
☐			$	$	$	
☐			$	$	$	
☐			$	$	$	
☐			$	$	$	
☐			$	$	$	
TOTAL			$	$	$	

Bill Payment Tracker

Year:

Month:

PAID	Bill	DUE DATE	AMT DUE	AMT PAID	UNPAID BALANCE	NOTES
☐			$	$	$	
☐			$	$	$	
☐			$	$	$	
☐			$	$	$	
☐			$	$	$	
☐			$	$	$	
☐			$	$	$	
☐			$	$	$	
☐			$	$	$	
☐			$	$	$	
☐			$	$	$	
☐			$	$	$	
☐			$	$	$	
☐			$	$	$	
☐			$	$	$	
☐			$	$	$	
☐			$	$	$	
☐			$	$	$	
☐			$	$	$	
☐			$	$	$	
☐			$	$	$	
☐			$	$	$	
☐			$	$	$	
☐			$	$	$	
☐			$	$	$	
☐			$	$	$	
☐			$	$	$	
	TOTAL		$	$	$	

Bill Payment Tracker

Year: _____   Month: _____

PAID	Bill	DUE DATE	AMT DUE	AMT PAID	UNPAID BALANCE	NOTES
☐			$	$	$	
☐			$	$	$	
☐			$	$	$	
☐			$	$	$	
☐			$	$	$	
☐			$	$	$	
☐			$	$	$	
☐			$	$	$	
☐			$	$	$	
☐			$	$	$	
☐			$	$	$	
☐			$	$	$	
☐			$	$	$	
☐			$	$	$	
☐			$	$	$	
☐			$	$	$	
☐			$	$	$	
☐			$	$	$	
☐			$	$	$	
☐			$	$	$	
☐			$	$	$	
☐			$	$	$	
☐			$	$	$	
☐			$	$	$	
☐			$	$	$	
☐			$	$	$	
☐			$	$	$	
TOTAL			$	$	$	

Bill Payment Tracker

PAID	Bill	DUE DATE	AMT DUE	AMT PAID	UNPAID BALANCE	NOTES
☐			$	$	$	
☐			$	$	$	
☐			$	$	$	
☐			$	$	$	
☐			$	$	$	
☐			$	$	$	
☐			$	$	$	
☐			$	$	$	
☐			$	$	$	
☐			$	$	$	
☐			$	$	$	
☐			$	$	$	
☐			$	$	$	
☐			$	$	$	
☐			$	$	$	
☐			$	$	$	
☐			$	$	$	
☐			$	$	$	
☐			$	$	$	
☐			$	$	$	
☐			$	$	$	
☐			$	$	$	
☐			$	$	$	
☐			$	$	$	
☐			$	$	$	
☐			$	$	$	
☐			$	$	$	
☐			$	$	$	
	TOTAL		$	$	$	

Year:	Bill Payment Tracker					Month:

PAID	Bill	DUE DATE	AMT DUE	AMT PAID	UNPAID BALANCE	NOTES
☐			$	$	$	
☐			$	$	$	
☐			$	$	$	
☐			$	$	$	
☐			$	$	$	
☐			$	$	$	
☐			$	$	$	
☐			$	$	$	
☐			$	$	$	
☐			$	$	$	
☐			$	$	$	
☐			$	$	$	
☐			$	$	$	
☐			$	$	$	
☐			$	$	$	
☐			$	$	$	
☐			$	$	$	
☐			$	$	$	
☐			$	$	$	
☐			$	$	$	
☐			$	$	$	
☐			$	$	$	
☐			$	$	$	
☐			$	$	$	
☐			$	$	$	
☐			$	$	$	
☐			$	$	$	
	TOTAL		$	$	$	

Bill Payment Tracker

Year: _____   Month: _____

PAID	Bill	DUE DATE	AMT DUE	AMT PAID	UNPAID BALANCE	NOTES
☐			$	$	$	
☐			$	$	$	
☐			$	$	$	
☐			$	$	$	
☐			$	$	$	
☐			$	$	$	
☐			$	$	$	
☐			$	$	$	
☐			$	$	$	
☐			$	$	$	
☐			$	$	$	
☐			$	$	$	
☐			$	$	$	
☐			$	$	$	
☐			$	$	$	
☐			$	$	$	
☐			$	$	$	
☐			$	$	$	
☐			$	$	$	
☐			$	$	$	
☐			$	$	$	
☐			$	$	$	
☐			$	$	$	
☐			$	$	$	
☐			$	$	$	
☐			$	$	$	
☐			$	$	$	
TOTAL			$	$	$	

Year:			Bill Payment Tracker			Month:

PAID	Bill	DUE DATE	AMT DUE	AMT PAID	UNPAID BALANCE	NOTES
☐			$	$	$	
☐			$	$	$	
☐			$	$	$	
☐			$	$	$	
☐			$	$	$	
☐			$	$	$	
☐			$	$	$	
☐			$	$	$	
☐			$	$	$	
☐			$	$	$	
☐			$	$	$	
☐			$	$	$	
☐			$	$	$	
☐			$	$	$	
☐			$	$	$	
☐			$	$	$	
☐			$	$	$	
☐			$	$	$	
☐			$	$	$	
☐			$	$	$	
☐			$	$	$	
☐			$	$	$	
☐			$	$	$	
☐			$	$	$	
☐			$	$	$	
☐			$	$	$	
☐			$	$	$	
TOTAL			$	$	$	

Bill Payment Tracker

Year:

Month:

PAID	Bill	DUE DATE	AMT DUE	AMT PAID	UNPAID BALANCE	NOTES
☐			$	$	$	
☐			$	$	$	
☐			$	$	$	
☐			$	$	$	
☐			$	$	$	
☐			$	$	$	
☐			$	$	$	
☐			$	$	$	
☐			$	$	$	
☐			$	$	$	
☐			$	$	$	
☐			$	$	$	
☐			$	$	$	
☐			$	$	$	
☐			$	$	$	
☐			$	$	$	
☐			$	$	$	
☐			$	$	$	
☐			$	$	$	
☐			$	$	$	
☐			$	$	$	
☐			$	$	$	
☐			$	$	$	
☐			$	$	$	
☐			$	$	$	
☐			$	$	$	
☐			$	$	$	
☐			$	$	$	
	TOTAL		$	$	$	

Bill Payment Tracker

PAID	Bill	DUE DATE	AMT DUE	AMT PAID	UNPAID BALANCE	NOTES
☐			$	$	$	
☐			$	$	$	
☐			$	$	$	
☐			$	$	$	
☐			$	$	$	
☐			$	$	$	
☐			$	$	$	
☐			$	$	$	
☐			$	$	$	
☐			$	$	$	
☐			$	$	$	
☐			$	$	$	
☐			$	$	$	
☐			$	$	$	
☐			$	$	$	
☐			$	$	$	
☐			$	$	$	
☐			$	$	$	
☐			$	$	$	
☐			$	$	$	
☐			$	$	$	
☐			$	$	$	
☐			$	$	$	
☐			$	$	$	
☐			$	$	$	
☐			$	$	$	
☐			$	$	$	
☐			$	$	$	
TOTAL			$	$	$	

Bill Payment Tracker

PAID	Bill	DUE DATE	AMT DUE	AMT PAID	UNPAID BALANCE	NOTES
☐			$	$	$	
☐			$	$	$	
☐			$	$	$	
☐			$	$	$	
☐			$	$	$	
☐			$	$	$	
☐			$	$	$	
☐			$	$	$	
☐			$	$	$	
☐			$	$	$	
☐			$	$	$	
☐			$	$	$	
☐			$	$	$	
☐			$	$	$	
☐			$	$	$	
☐			$	$	$	
☐			$	$	$	
☐			$	$	$	
☐			$	$	$	
☐			$	$	$	
☐			$	$	$	
☐			$	$	$	
☐			$	$	$	
☐			$	$	$	
☐			$	$	$	
☐			$	$	$	
☐			$	$	$	
TOTAL			$	$	$	

Bill Payment Tracker

PAID	Bill	DUE DATE	AMT DUE	AMT PAID	UNPAID BALANCE	NOTES
☐			$	$	$	
☐			$	$	$	
☐			$	$	$	
☐			$	$	$	
☐			$	$	$	
☐			$	$	$	
☐			$	$	$	
☐			$	$	$	
☐			$	$	$	
☐			$	$	$	
☐			$	$	$	
☐			$	$	$	
☐			$	$	$	
☐			$	$	$	
☐			$	$	$	
☐			$	$	$	
☐			$	$	$	
☐			$	$	$	
☐			$	$	$	
☐			$	$	$	
☐			$	$	$	
☐			$	$	$	
☐			$	$	$	
☐			$	$	$	
☐			$	$	$	
☐			$	$	$	
☐			$	$	$	
TOTAL			$	$	$	

Bill Payment Tracker

Year: Month:

PAID	Bill	DUE DATE	AMT DUE	AMT PAID	UNPAID BALANCE	NOTES
☐			$	$	$	
☐			$	$	$	
☐			$	$	$	
☐			$	$	$	
☐			$	$	$	
☐			$	$	$	
☐			$	$	$	
☐			$	$	$	
☐			$	$	$	
☐			$	$	$	
☐			$	$	$	
☐			$	$	$	
☐			$	$	$	
☐			$	$	$	
☐			$	$	$	
☐			$	$	$	
☐			$	$	$	
☐			$	$	$	
☐			$	$	$	
☐			$	$	$	
☐			$	$	$	
☐			$	$	$	
☐			$	$	$	
☐			$	$	$	
☐			$	$	$	
☐			$	$	$	
TOTAL			$	$	$	

Bill Payment Tracker

Year: _____   Month: _____

PAID	Bill	DUE DATE	AMT DUE	AMT PAID	UNPAID BALANCE	NOTES
☐			$	$	$	
☐			$	$	$	
☐			$	$	$	
☐			$	$	$	
☐			$	$	$	
☐			$	$	$	
☐			$	$	$	
☐			$	$	$	
☐			$	$	$	
☐			$	$	$	
☐			$	$	$	
☐			$	$	$	
☐			$	$	$	
☐			$	$	$	
☐			$	$	$	
☐			$	$	$	
☐			$	$	$	
☐			$	$	$	
☐			$	$	$	
☐			$	$	$	
☐			$	$	$	
☐			$	$	$	
☐			$	$	$	
☐			$	$	$	
☐			$	$	$	
☐			$	$	$	
☐			$	$	$	
TOTAL			$	$	$	

_____
_____
_____
_____

Bill Payment Tracker

Year: _____   Month: _____

PAID	Bill	DUE DATE	AMT DUE	AMT PAID	UNPAID BALANCE	NOTES
☐			$	$	$	
☐			$	$	$	
☐			$	$	$	
☐			$	$	$	
☐			$	$	$	
☐			$	$	$	
☐			$	$	$	
☐			$	$	$	
☐			$	$	$	
☐			$	$	$	
☐			$	$	$	
☐			$	$	$	
☐			$	$	$	
☐			$	$	$	
☐			$	$	$	
☐			$	$	$	
☐			$	$	$	
☐			$	$	$	
☐			$	$	$	
☐			$	$	$	
☐			$	$	$	
☐			$	$	$	
☐			$	$	$	
☐			$	$	$	
☐			$	$	$	
☐			$	$	$	
☐			$	$	$	
TOTAL			$	$	$	

_____

_____

_____

Bill Payment Tracker

Year:

Month:

PAID	Bill	DUE DATE	AMT DUE	AMT PAID	UNPAID BALANCE	NOTES
☐			$	$	$	
☐			$	$	$	
☐			$	$	$	
☐			$	$	$	
☐			$	$	$	
☐			$	$	$	
☐			$	$	$	
☐			$	$	$	
☐			$	$	$	
☐			$	$	$	
☐			$	$	$	
☐			$	$	$	
☐			$	$	$	
☐			$	$	$	
☐			$	$	$	
☐			$	$	$	
☐			$	$	$	
☐			$	$	$	
☐			$	$	$	
☐			$	$	$	
☐			$	$	$	
☐			$	$	$	
☐			$	$	$	
☐			$	$	$	
☐			$	$	$	
☐			$	$	$	
☐			$	$	$	
TOTAL			$	$	$	

Bill Payment Tracker

PAID	Bill	DUE DATE	AMT DUE	AMT PAID	UNPAID BALANCE	NOTES
☐			$	$	$	
☐			$	$	$	
☐			$	$	$	
☐			$	$	$	
☐			$	$	$	
☐			$	$	$	
☐			$	$	$	
☐			$	$	$	
☐			$	$	$	
☐			$	$	$	
☐			$	$	$	
☐			$	$	$	
☐			$	$	$	
☐			$	$	$	
☐			$	$	$	
☐			$	$	$	
☐			$	$	$	
☐			$	$	$	
☐			$	$	$	
☐			$	$	$	
☐			$	$	$	
☐			$	$	$	
☐			$	$	$	
☐			$	$	$	
☐			$	$	$	
☐			$	$	$	
☐			$	$	$	
TOTAL			$	$	$	

Bill Payment Tracker

PAID	Bill	DUE DATE	AMT DUE	AMT PAID	UNPAID BALANCE	NOTES
☐			$	$	$	
☐			$	$	$	
☐			$	$	$	
☐			$	$	$	
☐			$	$	$	
☐			$	$	$	
☐			$	$	$	
☐			$	$	$	
☐			$	$	$	
☐			$	$	$	
☐			$	$	$	
☐			$	$	$	
☐			$	$	$	
☐			$	$	$	
☐			$	$	$	
☐			$	$	$	
☐			$	$	$	
☐			$	$	$	
☐			$	$	$	
☐			$	$	$	
☐			$	$	$	
☐			$	$	$	
☐			$	$	$	
☐			$	$	$	
☐			$	$	$	
☐			$	$	$	
☐			$	$	$	
☐			$	$	$	
	TOTAL		$	$	$	

Bill Payment Tracker

Year: _____   Month: _____

PAID	Bill	DUE DATE	AMT DUE	AMT PAID	UNPAID BALANCE	NOTES
☐			$	$	$	
☐			$	$	$	
☐			$	$	$	
☐			$	$	$	
☐			$	$	$	
☐			$	$	$	
☐			$	$	$	
☐			$	$	$	
☐			$	$	$	
☐			$	$	$	
☐			$	$	$	
☐			$	$	$	
☐			$	$	$	
☐			$	$	$	
☐			$	$	$	
☐			$	$	$	
☐			$	$	$	
☐			$	$	$	
☐			$	$	$	
☐			$	$	$	
☐			$	$	$	
☐			$	$	$	
☐			$	$	$	
☐			$	$	$	
☐			$	$	$	
☐			$	$	$	
☐			$	$	$	
TOTAL			$	$	$	

_____

_____

_____

Year:		Bill Payment Tracker				Month:	

PAID	Bill	DUE DATE	AMT DUE	AMT PAID	UNPAID BALANCE	NOTES
☐			$	$	$	
☐			$	$	$	
☐			$	$	$	
☐			$	$	$	
☐			$	$	$	
☐			$	$	$	
☐			$	$	$	
☐			$	$	$	
☐			$	$	$	
☐			$	$	$	
☐			$	$	$	
☐			$	$	$	
☐			$	$	$	
☐			$	$	$	
☐			$	$	$	
☐			$	$	$	
☐			$	$	$	
☐			$	$	$	
☐			$	$	$	
☐			$	$	$	
☐			$	$	$	
☐			$	$	$	
☐			$	$	$	
☐			$	$	$	
☐			$	$	$	
☐			$	$	$	
☐			$	$	$	
TOTAL			$	$	$	

Bill Payment Tracker

PAID	Bill	DUE DATE	AMT DUE	AMT PAID	UNPAID BALANCE	NOTES
☐			$	$	$	
☐			$	$	$	
☐			$	$	$	
☐			$	$	$	
☐			$	$	$	
☐			$	$	$	
☐			$	$	$	
☐			$	$	$	
☐			$	$	$	
☐			$	$	$	
☐			$	$	$	
☐			$	$	$	
☐			$	$	$	
☐			$	$	$	
☐			$	$	$	
☐			$	$	$	
☐			$	$	$	
☐			$	$	$	
☐			$	$	$	
☐			$	$	$	
☐			$	$	$	
☐			$	$	$	
☐			$	$	$	
☐			$	$	$	
☐			$	$	$	
☐			$	$	$	
☐			$	$	$	
TOTAL			$	$	$	

Bill Payment Tracker

Year:

Month:

PAID	Bill	DUE DATE	AMT DUE	AMT PAID	UNPAID BALANCE	NOTES
☐			$	$	$	
☐			$	$	$	
☐			$	$	$	
☐			$	$	$	
☐			$	$	$	
☐			$	$	$	
☐			$	$	$	
☐			$	$	$	
☐			$	$	$	
☐			$	$	$	
☐			$	$	$	
☐			$	$	$	
☐			$	$	$	
☐			$	$	$	
☐			$	$	$	
☐			$	$	$	
☐			$	$	$	
☐			$	$	$	
☐			$	$	$	
☐			$	$	$	
☐			$	$	$	
☐			$	$	$	
☐			$	$	$	
☐			$	$	$	
☐			$	$	$	
☐			$	$	$	
☐			$	$	$	
	TOTAL		$	$	$	

Bill Payment Tracker

Year: _____   Month: _____

PAID	Bill	DUE DATE	AMT DUE	AMT PAID	UNPAID BALANCE	NOTES
☐			$	$	$	
☐			$	$	$	
☐			$	$	$	
☐			$	$	$	
☐			$	$	$	
☐			$	$	$	
☐			$	$	$	
☐			$	$	$	
☐			$	$	$	
☐			$	$	$	
☐			$	$	$	
☐			$	$	$	
☐			$	$	$	
☐			$	$	$	
☐			$	$	$	
☐			$	$	$	
☐			$	$	$	
☐			$	$	$	
☐			$	$	$	
☐			$	$	$	
☐			$	$	$	
☐			$	$	$	
☐			$	$	$	
☐			$	$	$	
☐			$	$	$	
☐			$	$	$	
☐			$	$	$	
TOTAL			$	$	$	

Bill Payment Tracker

Year: _____ Month: _____

PAID	Bill	DUE DATE	AMT DUE	AMT PAID	UNPAID BALANCE	NOTES
☐			$	$	$	
☐			$	$	$	
☐			$	$	$	
☐			$	$	$	
☐			$	$	$	
☐			$	$	$	
☐			$	$	$	
☐			$	$	$	
☐			$	$	$	
☐			$	$	$	
☐			$	$	$	
☐			$	$	$	
☐			$	$	$	
☐			$	$	$	
☐			$	$	$	
☐			$	$	$	
☐			$	$	$	
☐			$	$	$	
☐			$	$	$	
☐			$	$	$	
☐			$	$	$	
☐			$	$	$	
☐			$	$	$	
☐			$	$	$	
☐			$	$	$	
☐			$	$	$	
☐			$	$	$	
☐			$	$	$	
TOTAL			$	$	$	

Bill Payment Tracker

PAID	Bill	DUE DATE	AMT DUE	AMT PAID	UNPAID BALANCE	NOTES
☐			$	$	$	
☐			$	$	$	
☐			$	$	$	
☐			$	$	$	
☐			$	$	$	
☐			$	$	$	
☐			$	$	$	
☐			$	$	$	
☐			$	$	$	
☐			$	$	$	
☐			$	$	$	
☐			$	$	$	
☐			$	$	$	
☐			$	$	$	
☐			$	$	$	
☐			$	$	$	
☐			$	$	$	
☐			$	$	$	
☐			$	$	$	
☐			$	$	$	
☐			$	$	$	
☐			$	$	$	
☐			$	$	$	
☐			$	$	$	
☐			$	$	$	
☐			$	$	$	
☐			$	$	$	
	TOTAL		$	$	$	

Bill Payment Tracker

Year:

Month:

PAID	Bill	DUE DATE	AMT DUE	AMT PAID	UNPAID BALANCE	NOTES
☐			$	$	$	
☐			$	$	$	
☐			$	$	$	
☐			$	$	$	
☐			$	$	$	
☐			$	$	$	
☐			$	$	$	
☐			$	$	$	
☐			$	$	$	
☐			$	$	$	
☐			$	$	$	
☐			$	$	$	
☐			$	$	$	
☐			$	$	$	
☐			$	$	$	
☐			$	$	$	
☐			$	$	$	
☐			$	$	$	
☐			$	$	$	
☐			$	$	$	
☐			$	$	$	
☐			$	$	$	
☐			$	$	$	
☐			$	$	$	
☐			$	$	$	
☐			$	$	$	
☐			$	$	$	
☐			$	$	$	
	TOTAL		$	$	$	

Bill Payment Tracker

Year:

Month:

PAID	Bill	DUE DATE	AMT DUE	AMT PAID	UNPAID BALANCE	NOTES
☐			$	$	$	
☐			$	$	$	
☐			$	$	$	
☐			$	$	$	
☐			$	$	$	
☐			$	$	$	
☐			$	$	$	
☐			$	$	$	
☐			$	$	$	
☐			$	$	$	
☐			$	$	$	
☐			$	$	$	
☐			$	$	$	
☐			$	$	$	
☐			$	$	$	
☐			$	$	$	
☐			$	$	$	
☐			$	$	$	
☐			$	$	$	
☐			$	$	$	
☐			$	$	$	
☐			$	$	$	
☐			$	$	$	
☐			$	$	$	
☐			$	$	$	
☐			$	$	$	
☐			$	$	$	
TOTAL			$	$	$	

Bill Payment Tracker

Year:

Month:

PAID	Bill	DUE DATE	AMT DUE	AMT PAID	UNPAID BALANCE	NOTES
☐			$	$	$	
☐			$	$	$	
☐			$	$	$	
☐			$	$	$	
☐			$	$	$	
☐			$	$	$	
☐			$	$	$	
☐			$	$	$	
☐			$	$	$	
☐			$	$	$	
☐			$	$	$	
☐			$	$	$	
☐			$	$	$	
☐			$	$	$	
☐			$	$	$	
☐			$	$	$	
☐			$	$	$	
☐			$	$	$	
☐			$	$	$	
☐			$	$	$	
☐			$	$	$	
☐			$	$	$	
☐			$	$	$	
☐			$	$	$	
☐			$	$	$	
☐			$	$	$	
☐			$	$	$	
☐			$	$	$	
	TOTAL		$	$	$	

Year:						

Bill Payment Tracker

Month:

PAID	Bill	DUE DATE	AMT DUE	AMT PAID	UNPAID BALANCE	NOTES
☐			$	$	$	
☐			$	$	$	
☐			$	$	$	
☐			$	$	$	
☐			$	$	$	
☐			$	$	$	
☐			$	$	$	
☐			$	$	$	
☐			$	$	$	
☐			$	$	$	
☐			$	$	$	
☐			$	$	$	
☐			$	$	$	
☐			$	$	$	
☐			$	$	$	
☐			$	$	$	
☐			$	$	$	
☐			$	$	$	
☐			$	$	$	
☐			$	$	$	
☐			$	$	$	
☐			$	$	$	
☐			$	$	$	
☐			$	$	$	
☐			$	$	$	
☐			$	$	$	
☐			$	$	$	
☐			$	$	$	
TOTAL			$	$	$	

Year:	**Bill Payment Tracker**		Month:			
PAID	*Bill*	**DUE DATE**	**AMT DUE**	**AMT PAID**	**UNPAID BALANCE**	**NOTES**
☐			$	$	$	
☐			$	$	$	
☐			$	$	$	
☐			$	$	$	
☐			$	$	$	
☐			$	$	$	
☐			$	$	$	
☐			$	$	$	
☐			$	$	$	
☐			$	$	$	
☐			$	$	$	
☐			$	$	$	
☐			$	$	$	
☐			$	$	$	
☐			$	$	$	
☐			$	$	$	
☐			$	$	$	
☐			$	$	$	
☐			$	$	$	
☐			$	$	$	
☐			$	$	$	
☐			$	$	$	
☐			$	$	$	
☐			$	$	$	
☐			$	$	$	
☐			$	$	$	
☐			$	$	$	
	TOTAL		$	$	$	

Bill Payment Tracker

Year: _____   Month: _____

PAID	Bill	DUE DATE	AMT DUE	AMT PAID	UNPAID BALANCE	NOTES
☐			$	$	$	
☐			$	$	$	
☐			$	$	$	
☐			$	$	$	
☐			$	$	$	
☐			$	$	$	
☐			$	$	$	
☐			$	$	$	
☐			$	$	$	
☐			$	$	$	
☐			$	$	$	
☐			$	$	$	
☐			$	$	$	
☐			$	$	$	
☐			$	$	$	
☐			$	$	$	
☐			$	$	$	
☐			$	$	$	
☐			$	$	$	
☐			$	$	$	
☐			$	$	$	
☐			$	$	$	
☐			$	$	$	
☐			$	$	$	
☐			$	$	$	
☐			$	$	$	
☐			$	$	$	
☐			$	$	$	
TOTAL			$	$	$	

_____

_____

_____

_____

Bill Payment Tracker

PAID	Bill	DUE DATE	AMT DUE	AMT PAID	UNPAID BALANCE	NOTES
☐			$	$	$	
☐			$	$	$	
☐			$	$	$	
☐			$	$	$	
☐			$	$	$	
☐			$	$	$	
☐			$	$	$	
☐			$	$	$	
☐			$	$	$	
☐			$	$	$	
☐			$	$	$	
☐			$	$	$	
☐			$	$	$	
☐			$	$	$	
☐			$	$	$	
☐			$	$	$	
☐			$	$	$	
☐			$	$	$	
☐			$	$	$	
☐			$	$	$	
☐			$	$	$	
☐			$	$	$	
☐			$	$	$	
☐			$	$	$	
☐			$	$	$	
☐			$	$	$	
☐			$	$	$	
☐			$	$	$	
	TOTAL		$	$	$	

Bill Payment Tracker

Year:

Month:

PAID	Bill	DUE DATE	AMT DUE	AMT PAID	UNPAID BALANCE	NOTES
☐			$	$	$	
☐			$	$	$	
☐			$	$	$	
☐			$	$	$	
☐			$	$	$	
☐			$	$	$	
☐			$	$	$	
☐			$	$	$	
☐			$	$	$	
☐			$	$	$	
☐			$	$	$	
☐			$	$	$	
☐			$	$	$	
☐			$	$	$	
☐			$	$	$	
☐			$	$	$	
☐			$	$	$	
☐			$	$	$	
☐			$	$	$	
☐			$	$	$	
☐			$	$	$	
☐			$	$	$	
☐			$	$	$	
☐			$	$	$	
☐			$	$	$	
☐			$	$	$	
☐			$	$	$	
TOTAL			$	$	$	

Year:	Bill Payment Tracker				Month:	

PAID	Bill	DUE DATE	AMT DUE	AMT PAID	UNPAID BALANCE	NOTES
☐			$	$	$	
☐			$	$	$	
☐			$	$	$	
☐			$	$	$	
☐			$	$	$	
☐			$	$	$	
☐			$	$	$	
☐			$	$	$	
☐			$	$	$	
☐			$	$	$	
☐			$	$	$	
☐			$	$	$	
☐			$	$	$	
☐			$	$	$	
☐			$	$	$	
☐			$	$	$	
☐			$	$	$	
☐			$	$	$	
☐			$	$	$	
☐			$	$	$	
☐			$	$	$	
☐			$	$	$	
☐			$	$	$	
☐			$	$	$	
☐			$	$	$	
☐			$	$	$	
☐			$	$	$	
☐			$	$	$	
	TOTAL		$	$	$	

Bill Payment Tracker

PAID	Bill	DUE DATE	AMT DUE	AMT PAID	UNPAID BALANCE	NOTES
☐			$	$	$	
☐			$	$	$	
☐			$	$	$	
☐			$	$	$	
☐			$	$	$	
☐			$	$	$	
☐			$	$	$	
☐			$	$	$	
☐			$	$	$	
☐			$	$	$	
☐			$	$	$	
☐			$	$	$	
☐			$	$	$	
☐			$	$	$	
☐			$	$	$	
☐			$	$	$	
☐			$	$	$	
☐			$	$	$	
☐			$	$	$	
☐			$	$	$	
☐			$	$	$	
☐			$	$	$	
☐			$	$	$	
☐			$	$	$	
☐			$	$	$	
☐			$	$	$	
☐			$	$	$	
☐			$	$	$	
TOTAL			$	$	$	

Bill Payment Tracker

Year:

Month:

PAID	Bill	DUE DATE	AMT DUE	AMT PAID	UNPAID BALANCE	NOTES
☐			$	$	$	
☐			$	$	$	
☐			$	$	$	
☐			$	$	$	
☐			$	$	$	
☐			$	$	$	
☐			$	$	$	
☐			$	$	$	
☐			$	$	$	
☐			$	$	$	
☐			$	$	$	
☐			$	$	$	
☐			$	$	$	
☐			$	$	$	
☐			$	$	$	
☐			$	$	$	
☐			$	$	$	
☐			$	$	$	
☐			$	$	$	
☐			$	$	$	
☐			$	$	$	
☐			$	$	$	
☐			$	$	$	
☐			$	$	$	
☐			$	$	$	
☐			$	$	$	
☐			$	$	$	
☐			$	$	$	
TOTAL			$	$	$	

Bill Payment Tracker

PAID	Bill	DUE DATE	AMT DUE	AMT PAID	UNPAID BALANCE	NOTES
☐			$	$	$	
☐			$	$	$	
☐			$	$	$	
☐			$	$	$	
☐			$	$	$	
☐			$	$	$	
☐			$	$	$	
☐			$	$	$	
☐			$	$	$	
☐			$	$	$	
☐			$	$	$	
☐			$	$	$	
☐			$	$	$	
☐			$	$	$	
☐			$	$	$	
☐			$	$	$	
☐			$	$	$	
☐			$	$	$	
☐			$	$	$	
☐			$	$	$	
☐			$	$	$	
☐			$	$	$	
☐			$	$	$	
☐			$	$	$	
☐			$	$	$	
☐			$	$	$	
☐			$	$	$	
☐			$	$	$	
TOTAL			$	$	$	

PAID	Bill	DUE DATE	AMT DUE	AMT PAID	UNPAID BALANCE	NOTES
☐			$	$	$	
☐			$	$	$	
☐			$	$	$	
☐			$	$	$	
☐			$	$	$	
☐			$	$	$	
☐			$	$	$	
☐			$	$	$	
☐			$	$	$	
☐			$	$	$	
☐			$	$	$	
☐			$	$	$	
☐			$	$	$	
☐			$	$	$	
☐			$	$	$	
☐			$	$	$	
☐			$	$	$	
☐			$	$	$	
☐			$	$	$	
☐			$	$	$	
☐			$	$	$	
☐			$	$	$	
☐			$	$	$	
☐			$	$	$	
☐			$	$	$	
TOTAL			$	$	$	

Notes

Notes

Notes

Notes

Made in the USA
Columbia, SC
09 November 2024

46082560R00070